L'ÉGLISE

DE

LA VISITATION

AU MANS

ET SON PRINCIPAL ARCHITECTE, SŒUR ANNE-VICTOIRE PILLON

PAR ROBERT TRIGER

Président de la Société historique et archéologique du Maine
Inspecteur général de la Société française d'archéologie
Correspondant du Ministère de l'Instruction publique et des Beaux-Arts
Docteur en droit

MAMERS | LE MANS

G. FLEURY & A. DANGIN | A. DE SAINT-DENIS

IMPRIMEURS | LIBRAIRE-ÉDITEUR

Place des Grouas. | Rue St-Jacques.

1903

ÉGLISE DE LA VISITATION AU MANS

FAÇADE PRINCIPALE

Cliché de M. Robiche, du Mans

Mamers — Imp. G. Fleury & A. Dangin

L'ÉGLISE

DE

LA VISITATION

AU MANS

ET SON PRINCIPAL ARCHITECTE, SŒUR ANNE-VICTOIRE PILLON

Par Robert TRIGER

Président de la Société historique et archéologique du Maine
Inspecteur général de la Société française d'archéologie
Correspondant du Ministère de l'Instruction publique et des Beaux-Arts
Docteur en droit

<table>
<tr><td>MAMERS</td><td>LE MANS</td></tr>
<tr><td>G. FLEURY & A. DANGIN</td><td>A. DE SAINT-DENIS</td></tr>
<tr><td>IMPRIMEURS</td><td>LIBRAIRE-ÉDITEUR</td></tr>
<tr><td>Place des Grouas.</td><td>Rue St-Jacques.</td></tr>
</table>

1903

Extrait de la Revue historique et archéologique du Maine.
Tome LIII, 1903.

L'ÉGLISE

DE

LA VISITATION

AU MANS

ET SON PRINCIPAL ARCHITECTE, SŒUR ANNE-VICTOIRE PILLON

Après avoir déjà occupé l'opinion à plusieurs reprises — notamment de 1861 à 1865, époque de sa restauration par M. Darcy — l'église de la Visitation, place de la République au Mans, vient d'attirer de nouveau l'attention de l'administration municipale.

Dans sa séance du 4 mars 1903, sur la proposition de M. le Maire et de M. A. Besnard, le Conseil municipal a voté, à l'unanimité, la demande de classement comme monument historique de cet édifice, qui mérite de compter parmi les spécimens les plus intéressants du style Louis XV et qu'il importe de garantir contre tout acte futur de vandalisme.

Désireux, pour notre part, de répondre à l'appel que M. Besnard et plusieurs membres du Conseil ont bien voulu faire, dans la circonstance, à la Société historique et archéologique du Maine, nous tenons aujourd'hui à mettre en relief, par une notice spéciale, les titres historiques et artistiques qu'on peut faire valoir à l'appui de la demande de classement.

Cette notice, sans doute, ne sera pas aussi complète que nous le souhaiterions — le dossier de la construction de l'église de la Visitation n'ayant pu être retrouvé — mais elle aura au moins l'avantage d'ouvrir des aperçus nouveaux en révélant le nom d'une éminente artiste, jusqu'ici trop oubliée, et de rappeler les appréciations de critiques d'art d'une indiscutable compétence (1).

L'église de la Visitation, ancienne place des Halles, aujourd'hui place de la République, dépendait avant la Révolution du monastère de la Visitation-Sainte-Marie, dit aussi de l'*Ave Maria*.

Ce monastère avait été fondé, en 1634, par la comtesse de la Ferrière, fille de René de Froullay, comte de Tessé, et de Marie d'Escoubleau de Sourdis, veuve de messire Gabriel de Falaise, comte de la Ferrière, lieutenant aux gardes du corps.

Suivant l'usage du temps, son établissement avait été autorisé, d'un commun accord, par « les manans et habitans de la ville du Mans », par l'évêque Charles de Beaumanoir, et par le Roi (2).

(1) Nous avons, tout d'abord, le devoir d'adresser ici nos remerciements à l'Administration municipale du Mans qui a bien voulu nous ouvrir ses archives administratives avec le plus obligeant empressement, à M. Morancé, architecte-voyer de la ville, à M. Ledru, chef du bureau de l'Etat-Civil, à M. L'Hermitte, archiviste du département, qui nous a permis de compléter les dossiers de l'Hôtel de Ville avec ceux de la série M. (Bâtiments départementaux) ; à Mme la Supérieure du monastère de la Visitation de la rue Champgarreau et à notre excellent collègue, M. Louis Brière, archiviste de la Société historique et archéologique du Maine, dont les précieuses communications nous ont fourni les principaux éléments de ce travail.

(2) L'original des lettres royales, en date du mois de mai 1634, sur parchemin, avec un grand sceau de cire verte fort bien conservé, se trouve aux archives de la Sarthe, Fonds municipal, 899. La comtesse de la Ferrière, après avoir affecté dès 1632, une somme de 20,000 livres à la fondation projetée, avait adressé sa première requête au Corps de Ville,

Les premières religieuses arrivèrent au Mans le 22 juillet de la même année 1634, sous la direction de la sœur Marie-Anastase Pavillon, assistante au monastère de Meaux, désignée comme supérieure de la nouvelle maison. En l'absence de l'évêque, elles furent reçues « avec toute la bonté qu'on pouvait souhaiter » par l'un des grands vicaires, l'abbé des Chapelles, doyen de l'église cathédrale, et s'installèrent provisoirement dans une maison « de louage » que la fondatrice leur avait fait préparer — la maison « du deffunct sieur de la Bataillère » appartenant alors à Melle de la Touche (1).

Quelques années plus tard, elles achetaient d'un riche bourgeois de la Couture, le sieur Bouricher, un terrain compris entre la place des Halles et le chemin de l'Éperon au Greffier, et y faisaient construire avec trop de hâte, peut-être, leur couvent définitif (2).

« Au mois d'août 1644, nous dit le curieux journal inédit de Julien Bodreau, les religieuses de la Visitation sont entrées en leur monastère des Halles de cette ville qu'elles ont achepté du s^r Bouricher, bourgeois, et y ont fait bastir le logement et enclos tel qu'il est, qui a esté parfaict en six ou sept mois ».

les 7 et 9 mai 1633 : l'assemblée générale des habitants chargea une députation de rédiger ses conditions, puis se réunit une seconde fois pour donner son consentement définitif. Cf. dom Piolin, *Hist. de l'Église du Mans*, VI, 77. L'approbation épiscopale est datée du 29 juin 1634. En présence des événements actuels, il est assurément curieux de constater la large part faite, dans l'affaire, à l'opinion « des habitants du Mans ». Cf. aussi à ce sujet *Le Monastère de la Visitation de Mamers*, par G. Fleury, Mamers, 1897, gr. in-8.

(1) *Abrégé de ce qui s'est passé en ce monastère de la Visitation Sainte-Marie du Mans, depuis sa fondation en 1634 jusqu'en 1722.* Copie ms. du cabinet de M. L. Brière. — *Journal de Julien Bodreau*, ms. ibid.

(2) Jean Baise, maître maçon, paroisse de Saint-Vincent ou Saint-Ouën, semble l'auteur de ces premières constructions, comme de la maison conventuelle des religieuses de Sainte-Marie à Beaumont et des bâtiments de l'Oratoire du Mans. V. *Dictionnaire des Artistes manceaux*, I, p. 21.

Ce premier monastère comprenait nécessairement une chapelle, qui servit jusqu'en 1737 et dont l'histoire n'évoque qu'un souvenir digne d'être noté, le souvenir des fêtes solennelles qui y furent célébrées en 1662 et 1666 pour la béatification et la canonisation de saint François de Sales, fondateur de l'ordre de la Visitation.

Ces fêtes attirèrent dans la modeste chapelle « *une grande affluence de peuple* ».. Elles laissèrent aux contemporains une impression si vive que Julien et Charles Bodreau — deux hommes de loi de la race de nos vieux jurisconsultes — les enregistrent comme des événements mémorables, constatant ainsi, une fois de plus, la popularité d'un saint sympathique entre tous par la tolérance de sa doctrine, son exquise douceur et les qualités éminemment françaises de son esprit (1).

Avec les années, le monastère du Mans s'accrut peu à peu. Vers la fin du XVIIᵉ siècle, l'une des supérieures, la mère Marie-Emmanuel de Tessé, grâce « à la puissante protection de son illustre frère M. le maréchal de Tessé, et de son cousin-germain, M. le marquis de Lavardin », parvint à augmenter l'enclos d'un vaste terrain « très envié des premiers personnages de la ville, à cause de la beauté de son emplacement et du bon air qu'on y respirait (2) ». Mais, en même temps, une fâcheuse constatation s'imposait à son attention.

(1) On nous permettra de réserver ces pages des Bodreau pour les joindre quelque jour à une *relation inédite* plus détaillée, dont nous avons une copie, et en tirer le sujet d'un article spécial sur la canonisation de Saint-François de Sales au Mans. — Par contre, ajoutons ici qu'avant de mourir, le 13 juillet 1662, la comtesse de la Ferrière avait donné à cette chapelle primitive de la Visitation du Mans « un grand tableau de *la Visitation* et un retable d'autel ».

(2) *Abrégé ms. de l'histoire de la Visitation.* — Les deux parties de l'enclos étaient tout d'abord séparées par une ruelle que les religieuses parvinrent dans la suite à acquérir, avec l'appui personnel de la reine-mère, et au sujet de laquelle on trouvera deux lettres inédites dans le dossier 899 du Fonds municipal.

Les bâtiments, construits trop hâtivement en 1644, — dans un intervalle de six à sept mois — menaçaient déjà ruine ! Un grave incendie survenu en 1662 et les tremblements de terre de 1711, très sensibles au Mans, achevèrent de leur porter un coup fatal (1) ; dès l'année 1713, leur reconstruction était reconnue urgente.

« Notre mère ayant fait visiter ces bâtiments par d'habiles gens, dit une histoire manuscrite de la Visitation, ils lui rapportèrent qu'ils n'en pouvaient garantir la durée plus de trois mois, et demandèrent pour les réparations un prix si considérable — sans pourtant répondre que cela les rendit fort solides — qu'on se détermina de les abattre avec le consentement de la communauté, écrit et signé, afin de faire voir à celles qui nous suivront les précautions qu'on a prises pour ne point faire de dépense inutile dans cette démolition. Nous bénissions Dieu de jour en jour de n'avoir point été écrasées dans cette machine si peu solide qu'en quelques endroits les fondements étaient établis sur la cendre. Plusieurs soliveaux portaient à faux ; les petites pierres étaient au bas de la maison et les grosses en haut, entremêlées de concavités qui produisaient à chaque fenêtre un lézard du haut en bas de la maison (2) ».

Les religieuses se préoccupèrent en conséquence d'étudier un plan complet de reconstruction, et le 23 août 1713, l'évêque Pierre Rogier du Crévy adressait à l'une d'elles, la sœur Anne-Victoire Pillon, la lettre suivante, d'une importance extrême pour notre sujet, comme on le verra bientôt :

« Connaissans par Nous-mème le besoin qu'a votre Communauté de se bastir au plus tôt et *étant d'ailleurs dûment*

(1) Sur les tremblements de terre du 6 octobre 1711, très sensibles au Mans, V. notre brochure, *Observations agricoles et météorologiques dans le Maine, de 1544 à 1789.* Le Mans, Monnoyer, 1881, p. 23.

(2) *Abrégé ms. de l'histoire de la Visitation.* En outre de cette copie, à laquelle nous empruntons les intéressantes citations qui vont suivre,

informé des services et des secours que la maison peut recevoir de votre application et de vos soins dans l'exécution de ce dessein, si vous allez visiter les monastères nouvellement construits dans les maisons de votre Institut, Nous vous ordonnons de vous transporter dans ceux qui vous seront indiqués par Notre chère fille votre Supérieure, avec la compagne qu'elle vous donnera, Nous promettant votre piété que vous éviterés aux soins de vous produire en public et que dans tous les lieux où vous passerés, vous vous y conduirez toujours avec toute sorte d'édification (1).

Anne-Victoire Pillon, alors âgée d'environ quarante-neuf ans, se mit aussitôt en route ; quelques mois plus tard elle rapportait tous les renseignements nécessaires pour l'œuvre en projet.

Le 6 juin 1714, « fête de saint Claude », la première pierre du nouveau monastère était bénite solennellement par M. l'abbé Le Vayer, grand doyen de la cathédrale du Mans, grand vicaire du diocèsè, et directeur de la maison de la Visitation.

Sur cette pierre, d'environ deux pieds de long sur un demi de large, étaient gravées ces lignes :

VIVE JÉSUS !

AU NOM DE JÉSUS, MARIE, JOSEPH, ET NOTRE FONDATEUR SAINT FRANÇOIS DE SALLES, CETTE PIERRE A ÉTÉ POSÉE PAR VÉNÉRABLE MESSIRE JACQUES-AUGUSTE LE VAYER, DOYEN DE L'ÉGLISE CATHÉDRALE DU MANS, ÉTANT SUPÉRIEURE LA MÈRE LOUISE - ANGÉLIQUE DE BALINCOURT, AU NOM DU PÈRE, DU FILS ET DU SAINT-ESPRIT, AMEN. CE 6 JUIN 1714.

M. Brière possède la copie d'un autre ms. moins complet pour notre sujet, intitulé *Fondation et Vies des Sœurs de ce monastère de la Visitation Sainte-Marie du Mans jusqu'en cette année 1722*, dont l'original est aux archives du monastère actuel de la rue Champgarreau.

(1) *Abrégé ms. de l'histoire de la Visitation.*

« Dans le coin de la pierre était une petite boîte de plomb qui renfermait une médaille donnée par nos chères sœurs de Rennes, où sont saint Joachim et sainte Anne avec la sainte Vierge d'un côté et de l'autre saint Joseph et le saint Enfant-Jésus. En outre cela, une médaille de notre saint Fondateur, de ses reliques, de notre digne mère [Mme de Chantal], d'autres reliques et du pain d'*agnus*, avec une prière à la Très Sainte-Vierge sur un velin plié proprement » et signé de toutes les religieuses de la Communauté.

Le « corps de logis » commencé le premier et dans lequel se trouve cette première pierre, devait contenir le réfectoire, la dépense, la cuisine, « et un grand degré qui communiquera presque par toute la maison ; on cherche de la pierre pour le construire, qui est très rare ici ». La mention caractéristique de ce grand degré, ou mieux de ce grand escalier, permet d'identifier le bâtiment sans la moindre hésitation. C'est celui où se trouve l'escalier actuel du Palais de Justice.

A cette date de 1714, les Religieuses avaient déjà arrêté le plan d'ensemble de toutes les constructions projetées. L'histoire manuscrite de la Visitation, que nous avons citée plus haut, en donne une description précise, avec cette mention de la future chapelle : « L'église sera en forme de croix ; on ne compte pas la faire grande mais médiocre ». La description se termine par ces mots : « Voilà une petite idée de tous nos desseins dont on fera un détail à mesure qu'ils seront exécutés, bien résolues de n'entreprendre point ce que nous ne pourrons faire de dépense et de demeurer où nos finances en resteront ».

En dépit de cette réserve prudente, la construction des autres bâtiments se poursuivit avec activité, et vers 1722 le même manuscrit nous indique exactement à quel point elle en était arrivée, dans un nouveau chapitre intitulé « *Abrégé de la description de ce que nous avons de bâtiments de faits* ».

Notre but, ici, n'étant point d'écrire l'histoire du monastère, mais de l'église seule, nous nous bornerons à extraire de ce chapitre quelques détails artistiques, tout nouveaux, de nature à ouvrir des aperçus fort intéressants sur la construction et la décoration de cette église.

« Premièrement, dit la pieuse auteur du manuscrit, il faut savoir la situation de notre monastère pour comprendre la manière dont les bâtiments sont placés. Nous sommes situées dans un des plus beaux faubourgs et des plus proches de la ville. Nous avons la grande place des Halles qui sert d'avenue à notre maison, dans laquelle on entre par une cour presque carrée....

« La porte d'entrée, au milieu, en face de la halle, est d'architecture d'ordre dorique, avec de si justes proportions que, dans sa simplicité, elle a un air de grandeur qui la fait estimer de tous ceux qui ont bon goût. Au-dessus de la corniche, qui a tous les ornements conformes à l'ordre, est une grande niche dans laquelle est une grande figure de la Très Sainte Vierge tenant son divin Fils entre ses bras, haute de plus de cinq pieds, et *faite par le fameux M. Girouart, assés connu dans la France par ses beaux ouvrages.* C'est une des plus belles figures que l'on puisse voir par l'air de grandeur, de majesté et la noblesse de ses draperies. Tout le portail est terminé par une croix de pierre fort simple. Le vide de cette porte est de cinq pieds de large sur dix de haut.

« Cette cour d'entrée est la même pour l'église un jour venu, *mais que nous croyons bien éloigné peut-être de plusieurs siècles.* C'est pourquoi notre très chère mère Louise-Angélique de Balincourt a fait restaurer notre petite chapelle comme toute neuve et mieux qu'elle n'avait jamais été ...

« Nos grands bâtiments sont composés de trois corps de logis, qui ont chacun, de dehors en dehors, d'un angle à l'autre, environ 144 pieds, laissant le préau ouvert d'un côté

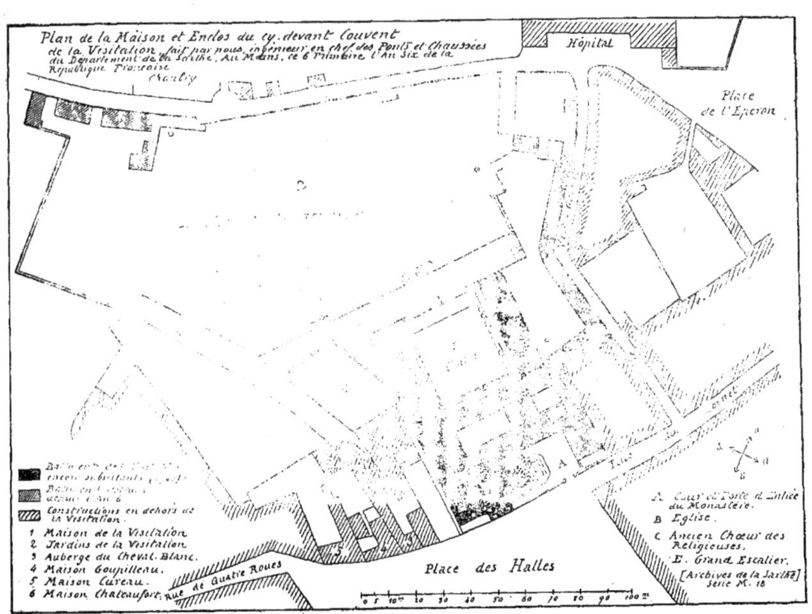

Plan de la Maison et Enclos du cy. devant Couvent
de la Visitation, fait par nous, ingénieur en chef des Ponts et Chaussées
du Département de la Sarthe, Au Mans, le 6 Frimaire, l'An Six de la
République Française.
Charost
Hôpital
Place de l'Éperon
Place des Halles
Rue de Quatre Roues
Bâtiment de la Visitation encore subsistants
Bâtiment détruit depuis l'An 6
Constructions en dehors de la Visitation.
1 Maison de la Visitation
2 Jardins de la Visitation
3 Auberge du Cheval-Blanc.
4 Maison Goupilleau.
5 Maison Cureau.
6 Maison Chateaufort.
A. Cour et Porte d'Entrée du Monastère.
B. Église.
C. Ancien Chœur des Religieuses.
E. Grand Escalier.
[Archives de la Sarthe] Série M. 18
0 5 10m 20 30 40 50 60 70 80 90 100 m

du jardin, faisant simplement une allée de plain pied du cloître pour faire le carré parfait dudit préau.....

« Chaque allée de cloître est de 9 arcades : chaque arcade a 8 pieds de vide, et les piliers ont deux pieds d'un sens et 3 de l'autre. Le cloître (d'environ 90 pieds en carré) est voûté de pierre et tuffeau, d'une voûte d'areste, entremêlée de pans coupés avec des petites octogones et finissant de deux une dans le haut de chaque fourneau. Il a environ dix pieds de large avec des tablettes de pierre de taille comme tout le reste. Sa hauteur est de 16 pieds sous clef.

« Dans la première aille, qui a le midi du côté du préau, l'étage bas contient le réfectoire, long d'environ plus de 50 pieds sur 20 de large, voûté d'une belle voûte d'areste entremellée de pans coupés avec de petits cadres en sexagonne dans le milieu de chaque fourneau, de deux une.

« Il y a six grands tableaux et trois petits tout à l'entour, qui représentent l'*Histoire de Moïse*. Chaque grand tableau remplit toute la capacité de chaque cintre de la voûte, avec un grand cartouche au haut du cintre où il y a une sentence de l'écriture qui convient au tableau de dessous. Les sujets particuliers de l'Histoire Sainte sont : *Moïse dans son berceau trouvé sur les eaux par la reine d'Égipte* ; le 2me est le même, encore enfant, qui foule aux pieds la couronne de Pharaon en la présence de ce roy et de plusieurs de sa suite. Le 3me petit tableau représente *Moïse sur la montagne.*

« Les trois tableaux avec la chaire de la lectrice occupent les trumeaux des croisées du long où il y en a cinq ; dans le trumeau du bout, entre les deux croisées, il y a un grand crucifix.

« Les autres grands tableaux sont de l'autre côté au nombre de six, compris celui qui est au-dessus des sœurs domestiques. Ils couvrent presque toute la muraille à un pied près des bancs ; il n'y a entre chacun que l'espace des naissances des voûtes. Voici quels sont les sujets :

« *Le Passage de la mer rouge,* où on voit les Israélites

pleins de joie arriver sur la terre ferme, rendant grâces à Dieu de ses miséricordes et de ce qu'il les a tirés des mains de leurs ennemis qu'ils voient enveloppés dans les eaux ; la confusion parait dans l'armée de ces Égiptiens que l'on voit se noyer et bouleverser les uns sur les autres parmi leurs chariots et leurs armés, qui, se rompant sous eux, font voir un chaos terrible. Tout est représenté de manière à inspirer une sainte frayeur de la toute puissance du seigneur Dieu des armées que l'on voit au haut du tableau sur une nuée, qui commande à deux anges de frapper ces Égiptiens de terreur, ce qu'ils font tenant en leurs mains des épées de feu.

« Le 2me tableau est le *Miracle des cailles*.

« Le 3me est lorsque *Moïse frappe le rocher*.

« Le 4me est la *Publication de la loi sur la montagne de Sinaï*, où Dieu parait sur une nue, au milieu des tonneres et des éclairs, environné d'une troupe d'anges qui ont chacun leur trompette.

« Le 5me est l'*Adoration du veau d'or*.

« Le 6me et dernier représente le *Serpent d'airain* élevé dans le désert sur l'ordre de Dieu, afin que les Israélites fussent guéris de la morsure des serpents que l'on voit les piquer et entortiller, ce qui leur fait faire des contorsions terribles et leur donne des airs si effrayés que l'on ne saurait presque les regarder que l'on ne ressente quelque impression.

« Il y a dans chacun de ces tableaux environ 20 à 30 figures sans compter les éloignements. Ils sont composés de cette manière dans une grande bordure d'ornements d'un pied et demi de large qui tourne tout à l'entour. Ces ornements sont coloriés de couleurs fort riches, entremélés de figures, têtes d'anges, fleurs et autres choses, tous différents à chaque tableau. Il y a quelques places où on a écrit des sentences. Au milieu de cette grande bordure est le tableau, entouré d'un cadre doré peint, sans or toutefois et à la romaine. Le tout ensemble a une bordure de bois de noyer en relief fort propre, et ainsi sont tous les tableaux.

« Après le réfectoire suit la dépense… puis la cuisine…

« Avant de sortir de cet étage, nous dirons que l'on a pratiqué dans l'enfoncement d'un bout du cloître une chapelle que nous appellerons la *Chapelle de l'Institut*.

« Il n'y a encore que la figure de la Très Sainte-Vierge de placée sur un groupe de nues entremellées de têtes de chérubins, avec un ange entier qui la soutient. Elle tient entre ses bras son divin Fils qui se porte tout du côté de la figure de notre saint fondateur, comme pour accepter et bénir le livre de nos saintes Constitutions que ce saint père lui présente. De l'autre côté de la Vierge, est la figure de notre vénérable mère de Chantal qui semble joindre sa prière par une expression vive et ardente, jointe à un air tout pénétré de Dieu. La figure de notre saint fondateur est aussi des plus belles et grâcieuses que l'on puisse voir, exprimant parfaitement le caractère de sa douceur incomparable, sans donner néanmoins aucunement dans le fade. Aux deux côtés après, seront posées nos deux précieuses mères, Jeanne-Charlotte de Bréchard et Marie-Jaqueline Faure, toutes deux en différentes attitudes de dévotion, attentives au sujet. Leur air et leurs manières expriment fort bien le caractère particulier de leur esprit et de la conduite qu'elles ont tenues pendant leur vie, et avec cela ont un maintien si pénétré de Dieu qu'on ne peut, non plus que les autres, les regarder que l'on ne soit touché de dévotion.

« Elles sont toutes en relief, hautes comme la belle nature, isolées de tous côtés, et nous pouvons dire avec vérité que *ces statues sont des plus belles et des mieux faites que l'on voie.* Elles sont de pierres blanches, de même que la figure d'un ange gardien avec un petit enfant auprès de lui à qui il montre le ciel, mais d'un air si pénétré et si vif qu'il semble que cet enfant s'élance de toutes ses forces. Son expression est la plus vraie et la plus belle qu'on puisse voir. *Elle a été admirée de tous ceux qui l'ont vue*, étant déjà placée au-dessus de la porte du bout de notre cloître sur un groupe de nues entremêlées de têtes d'anges beaux comme le jour.

« Quand nos parloirs seront achevés et la porte de la cour d'entrée faite, l'on pourrait voir, si la porte de clôture était ouverte, cette figure de l'extrémité de la place des Halles.

« Pour la chapelle dont nous avons parlé, [*Chapelle de l'Institut*] elle n'est point encore faite ; il n'y a que la place qui est voûtée comme le cloître. Seulement nous avons les figures faites *de la maison du savant M. Girouart*, que nous pouvons dire avoir été inspiré du Saint-Esprit de se venir offrir à nous, nous marquant avoir un désir fort grand de travailler pour notre maison qu'il honoráit et estimait infiniment. Nous étions pour lors dans les plus grands embarras de nos bâtiments et nullement dans la volonté, encore moins dans la situation, de faire une telle dépense pour des choses qui, bien qu'édifiantes et capables d'élever les esprits à Dieu, ne sont pourtant pas d'une absolue nécessité qu'on ne les diffère en temps plus commode ; mais l'occasion qui peut-être ne se serait jamais présentée fit qu'enfin notre chère mère accepta son offre, quoique avec peine, cet habile homme n'exigeant qu'un prix très modique de ses ouvrages. C'est ce qui encouragea à le faire travailler, surtout quand nous eûmes vu la première figure qui nous charma. Plusieurs présents faits à nos sœurs ont été mis pour payer ces ouvrages, notre chère mère s'étant fait un plaisir de nous contenter dans cette occasion qui n'est pas la seule où elle nous donne sans cesse des marques de ses bontés.

« Ensuite du lavoir est un grand escallier de pierre dont la place contient environ 22 pieds en carré, [escalier actuel du Palais de Justice]. Il est construit avec des arcs rampants soutenus de piliers de pierre de taille, comme tout le reste,

d'une très belle et bonne architecture : il est à quatre noyaux
avec un grand vide au milieu. Les marches ont près de six
pieds de service sur treize pouces et demi de giron et cinq
petits pouces de hauteur : il y a plusieurs grands pailliers et
départs : on ne peut guère en voir qui soient plus commodes.
Les dessous des rampes sont de voûtes différentes, le tout
de pierre blanche. Il y doit avoir une rampe de fer, mais ce
ne peut plus être si tôt, ayant bien d'autres dépenses à faire
plus pressées pour achever ce qui nous est absolument
nécessaire. Seulement on a mis des carreaux qui en servent
de crainte d'accident....

« Dans le gros corps de logis parallèle à celui dont nous
avons premièrement parlé, orienté au septentrion du côté
du préau et au midi de l'autre côté, il y a un chapitre long
de 30 pieds sur 21 de large, éclairé de cinq grandes croisées
à six jours chacune avec leurs arrière-voussures à coquilles
comme celles du réfectoire.... Il n'y a de fait, en ce corps
de logis, que ce premier étage, et il y a bien de l'apparence
qu'il demeure en ce même état, ce qui nous cause un
chagrin extrême, ne pouvant du tout nous arranger qu'il ne
soit fait, étant obligées d'avoir une quantité de matériaux
épars çà et là, qui nous incommodent infiniment ».

[Au-dessus du Réfectoire et de la même grandeur se trouve
la Chambre de l'Assemblée, avec une vue superbe des
fenêtres du pignon].

« Entre ces deux croisées [du pignon] est un tableau
d'ornement de 6 pieds de hauteur sur 5 de large, au milieu
duquel est une grande médaille où est peinte la *Sainte-
Famille*. La Sainte-Vierge, auprès d'une fontaine, blanchit
le linge de cette sainte famille, que Jésus-Christ porte lui-
même à saint Joseph qui est aidé par les anges pour
l'étendre. On a mis dans un cartouche ces mots : « *In
laboribus a juventute mea* ».

« Dans les quatre trumeaux du côté des fenêtres est

2

l'*Histoire d'Adam*, dans des cartouches de peintures qui sont des tableaux.

[1° *Création de l'homme.* 2° *Tentation du serpent.* 3° *Adam et Ève chassés du Paradis.* 4° *Adam et Ève cultivant la terre à la sueur de leur front.*]

« De l'autre côté de la chambre est l'*Histoire de Judith* en deux tableaux. Il y en a encore deux autres des *Quatre Saisons* de l'année, fort récréatifs, d'environ 6 pieds en tous sens. Au milieu est un cartouche avec une belle sentence. L'on prétend faire dans le tableau de la cheminée notre saint fondateur dans quelques-uns des plus beaux traits de sa vie, mais, en attendant, il y en a toujours un petit dans la chambre.

« En haut, à l'entour de la chambre, une ceinture d'ornements, large d'un pied et demi, va tout du long de poutre en poutre avec des places en forme de cartouches pour y mettre des sentences. Les poutres des deux côtés sont peintes de même. La cheminée qui est dans un bout est toute de pierre de taille cintrée en anse de panier, d'ordre corinthien, avec une tablette sur le milieu de laquelle est une pendule.

[Dans les cellules et sur leurs portes sont des ornements de peinture, des cartouches avec des sentences et divers paysages.]

« *L'Économe n'a rien fourni pour toutes ces peintures, qui ont été faites pour l'embelissement de notre maison par nos sœurs,* car sans cela nous ne les aurions assurément pas (1) ».

De cette longue citation, qui ne paraîtra pas un hors-d'œuvre aux amateurs d'art, se dégagent à première vue

____

(1) *Abrégé ms. de l'histoire de la Visitation.* Cette description ne se trouve pas dans la copie de *La Fondation et Vies des Sœurs du monastère* que possède M. Brière. Dans sa partie architecturale, la description précédente est intéressante à comparer avec celle de la Visitation de Mamers, que donne M. G. Fleury dans son travail : *Le monastère de la Visitation de Mamers.*

deux faits incontestables, d'un très vif intérêt. A la veille de la construction de l'église actuelle, le monastère de la Visitation du Mans était déjà riche en œuvres artistiques, peintures décoratives, tableaux et statues, et, en faisant même la part des exagérations naïves, il comptait au nombre de ses religieuses des artistes de réel talent.

Quelle était la principale de ces artistes dont l'auteur du manuscrit précédent ne nous donne pas le nom ?

Les notes que veut bien nous fournir, d'après les archives de son monastère, Mme la Supérieure de la Visitation actuelle de la rue Champgarreau, nous le révèlent avec une entière certitude (1).

C'était cette sœur Anne-Victoire Pillon, que, par une exception déjà très caractéristique, Mgr Rogier du Crévy avait autorisée en 1713 à parcourir les nouvelles maisons de son ordre pour y chercher des inspirations.

On lit, en effet, dans la vie de la mère Louise-Angélique de Balincourt, décédée le 8 juin 1740 : « *Elle s'était servie pour la conduite du bâtiment de notre maison de sœur Anne-Victoire Pillon, qui y avait parfaitement réussi au goût des meilleurs connaisseurs* (2).

Lors donc que des circonstances inattendues permirent à la même supérieure, Mme de Balincourt, d'entreprendre beaucoup plus tôt qu'on ne l'espérait — vers 1730 — la construction de la nouvelle église, elle n'hésita pas à en confier la direction à la sœur Anne-Victoire Pillon. « *Joignant l'expérience à ses autres talents, il n'y avait pas lieu de douter que cette sœur ne fût très capable de remplir son*

---

(1) Le monastère actuel de la rue Champgarreau ne succède pas directement au monastère de la place des Halles, c'est l'ancienne maison de Blois, transférée au Mans en 1822 seulement ; mais quelques religieuses du premier monastère du Mans s'étant empressées de s'y réunir, la rue Champgarreau est rentrée peu à peu en possession de la plupart des archives.

(2) Archives du monastère de la rue Champgarreau et cabinet de M. Brière, circulaire imprimée, in-4°.

attente pour l'édifice d'une église telle que cette chère mère la souhaitait, c'est-à-dire accomplie dans le genre qui convient à une église de religieuses de la Visitation.... En effet, le succès en a été heureux. Notre église, pour le dire dans la brièveté qui convient en ce recueil icy, est belle, solide, d'un goût noble et élevé. *Le coup d'œil en est charmant ; peu d'étrangers passent au Mans sans la venir voir et tous conviennent que c'est une des belles pièces de son genre.* Il ne manqua à la consolation de notre très honorée mère que d'y faire des autels ».

La notice nécrologique sur la sœur Anne-Victoire Pillon, morte le 12 mai 1751, non seulement confirme en tous points cette affirmation, mais achève de nous faire connaître la valeur et la variété de ses talents artistiques :

« Le Seigneur, dit cette notice, lui fut libéral de ses dons. Le long délai qu'elle dut subir pour attendre sa majorité et l'époque de ses vœux, lui donna le loisir de cultiver les dispositions qu'on lui remarquait pour les ouvrages de l'art, que l'on peut assurer, sans exagération, qu'elle a porté aussi loin que notre saint état le peut permettre. *L'étendue de son génie semblait ne lui rien refuser ; la peinture et l'architecture furent des sciences qu'elle posséda à l'étonnement des connaisseurs* et à l'avantage de notre maison, dont *elle a conduit le bâtiment et qu'elle a ornée de quantité de peintures,* de façon que de quelque côté que nous portions nos regards, *même à l'église* et dans le chœur, nous ne voyons rien qui ne nous rappelle le souvenir de notre très honorée sœur ».

En présence de ces textes formels, aucun doute ne peut subsister. C'est sous la direction artistique et prédominante de sœur Anne-Victoire Pillon que l'église de la Visitation, consacrée le 22 mars 1737, fut construite.

Par là même, les quelques indications, en apparence contradictoires, que nos devanciers nous ont conservées, s'éclaircissent et se corroborent singulièrement.

Pendant la première moitié du siècle dernier, tout d'abord, une vague tradition attribua l'édifice à Soufflot, architecte du Panthéon, qui serait venu au Mans et en aurait fourni le plan aux religieuses. Depuis 1861, M. d'Espaulart, s'autorisant des renseignements donnés dans ses manuscrits par Négrier de la Crochardière et reproduits par Pesche, a fait impitoyablement rejeter cette tradition, et attribué le principal honneur de la construction de la Visitation à un modeste architecte manceau, nommé Mathurin Riballier, tout en reconnaissant « que sa part avait été plutôt celle d'un ordonnateur que d'un créateur ». De vieille date, en effet, on savait que « les religieuses lui avaient tracé un plan, et qu'elles avaient recueilli de côté et d'autre des dessins d'églises à leur gré ». D'après M. d'Espaulart, « elles auraient remis ces dessins à Mathurin Riballier en le chargeant de les coordonner et d'en faire un ensemble exécutable (1) ». Riballier, d'ailleurs, n'aurait pas même terminé sa tâche, étant mort le 26 septembre 1733, quatre ans avant l'achèvement de l'édifice que son fils dût continuer (2).

(1) *L'Union de la Sarthe,* du 16 juillet 1861. - - Bibl. du Mans, ms. n° 21.

(2) Mathurin Riballier, père, qu'on croyait jusqu'ici né à La Flèche en 1657, était dès 1701 chargé de réparations aux fontaines et acqueducs du Mans. Il mourut le 26 septembre 1733, après avoir passé au Mans la plus grande partie de sa vie et y avoir exécuté de nombreux travaux. On lui accorda la sépulture dans l'intérieur de l'église Saint-Jean de la Cheverie : « Je vois dans cet honneur, écrit M. d'Espaulart, l'indice d'une certaine importance sociale et une considération obtenue très certainement par le talent. » Le même auteur, en outre de Mathurin Riballier, fils du précédent, qui acheva l'église de la Visitation, cite un François Riballier, simple *tailleur de pierre* en 1775, puis *entrepreneur* en 1780, et en conclut que la situation de la famille avait dû s'amoindrir. *L'Union de la Sarthe,* du 16 juillet 1861.

Dans le récent *Dictionnaire des Artistes manceaux* et dans l'*Inventaire des anciennes minutes des notaires du Mans,* publiés d'après les notes de l'abbé G. Esnault, M. l'abbé Denis rectifie et complète la biographie des Riballier : « Mathurin Riballier, père, était né, non pas à La Flèche, mais au lieu de Toucheronde, paroisse de Hambers, et était fils de

Désormais, il nous semble, plusieurs de ces assertions sont à rectifier et le rôle de chacun apparaît très nettement.

Mathurin Riballier, tailleur de pierre et maçon, et de Françoise Leprou. Il avait deux frères : René Riballier, tailleur de pierre à Hambers (1689), et Michel Riballier. Il est à présumer qu'il s'établit d'abord à Joué-l'Abbé où il était le 31 janvier 1669, puis il vint demeurer au Mans, d'abord paroisse de la Couture, ensuite paroisse de Saint-Jean de la Cheverie. De son mariage avec Charlotte Soreau, de Pontlieue, naquit en 1680, Mathurin II Riballier, qui épousa lui-même Jeanne Martin, et fut chargé en 1742, par François Huguet de Sémonville, de la restauration de la cuisine et des offices du château d'Ardenay. On doit à Mathurin I Riballier, le premier architecte de la Visitation, l'autel de la chapelle du château de Segrais, à Saint-Mars-d'Outillé, et 10,000 livres de réparations au temporel de l'abbaye de Beaulieu. »

Enfin à ces diverses notes, nous joindrons, au courant de la plume, les indications suivantes pour la généalogie des Riballier.

1705. — 12 janvier, baptême à l'église de la Madeleine de Jean-Baptiste, né le 11, fils de Mathurin Riballier et de Charlotte Soreau, [mort en 1739 « *tailleur de pierre* » ?]

1706 — 21 juillet, inhumation dans la même église, de Marie, âgée de 13 ans, fille des précédents.

1706. — 11 août, baptême de Pierre, fils des précédents, marié en 1733 à Françoise Brière, fille de Pierre Brière, marchand à La Quinte.

[En outre de ces trois enfants et de Mathurin II, Mathurin I Riballier et Charlotte Soreau avaient eu : Madeleine, fille majeure, paroisse du Grand-Saint-Pierre, en 1752 ; Charlotte, femme de François Dubois, notaire à Saint-Ouën-en-Belin ; Jacquine, femme de Etienne Hublin, corroyeur à Pruillé-le-Chétif : Jean, tailleur de pierre ; tous survivants en 1752. *Inv. des Notaires du Mans*].

1728 — 27 janvier, mariage à Saint-Benoît de Mathurin Ribalier, *entrepreneur*, fils de Math. Ribalier, aussi *entrepreneur*, et de Charlotte Soreau, avec Jeanne Martin, fille de Michel Martin, maître boucher et de Barbe Pasquier.

1728. — 11 novembre, baptême de Mathurin Martin, fils de Mathurin Ribalier, *entrepreneur*, et de Jeanne Martin, nommé par Mathurin Ribalier (père), *aussi entrepreneur*. [Devenu chanoine prébendé de l'église cathédrale et mort le 3 septembre 1784]. — 1731. — 18 février, baptême de Michel. — 1736. — 20 novembre, baptême de Jean. — 1738. — 15 avril, baptême de Michel-Christophe, [entrepreneur de bâtiments à Orléans, en 1777.] — 1739. — 7 janvier, baptême de Françoise. — 1741. — 16 janvier, baptême de Marie-Marthe. — 1746. — 26 octobre, baptême de Jean-Baptiste-René, [peut-être le même que René Ribalier, curé de Sceaux en 1784].

1764. — 30 novembre, inhumation dans l'église de Saint-Benoît, de Jeanne Martin, 61 ans, épouse de Mathurin Riballier, *entrepreneur*.

Sœur Anne-Victoire Pillon, artiste d'un talent éminent, parcourt dès 1713 les maisons de son ordre pour y recueillir des plans, des dessins, des documents de tout genre. Plus tard, il est possible qu'elle entre en relations artistiques avec le jeune Soufflot, alors au début de sa carrière, et qu'elle en recueille quelques conseils (1). Dans tous les cas, c'est elle qui, après avoir dirigé la construction des premiers bâtiments et les avoir décorés, étudie et arrête les dispositions de la nouvelle église. Puis, comme elle ne peut elle-même conduire les travaux ni les faire exécuter, elle a recours à la collaboration intelligente des Riballier.

Dans son ensemble, la partie architecturale doit donc sortir du *cerveau* de sœur Anne-Victoire Pillon et des *mains* de Mathurin Riballier. Celui-ci, qui ne se qualifiait généralement que du modeste titre d'*entrepreneur*, et qui eut été sans aucun doute fort embarrassé de concevoir à lui seul un aussi charmant édifice, ne saurait nous tenir rigueur de diminuer un peu sa gloire au profit de son associée : *A chacun le sien*, en bonne et honnête justice.

Le patriotisme local, du reste, n'a rien à y perdre. Mieux encore que les Riballier, Anne-Victoire Pillon appartient à la ville du Mans.

Nous devons voir en elle, en effet, la même personne que l'enfant dont le baptème est ainsi enregistré dans les *Registres de Saint-Pierre-la-Cour*, à une date *qui correspond*

1777. — 30 mai, inhumation dans la même église de Mathurin Riballier, 68 ans, *bourgeois.*

[Mathurin Riballier et Jeanne Martin laissaient, en outre, un autre fils, François, entrepreneur à Saint-Benoît en 1777, marié à Magdeleine Boullard, et mort le 5 ventôse, an II. *Inv. des Notaires.*]

Comme on le voit, les Riballier étaient bien plutôt une famille de modestes entrepreneurs de bâtiments que des architectes ou des artistes d'une instruction suffisante pour concevoir l'église de la Visitation.

(1) L'église de la Visitation du Mans est particulièrement intéressante à comparer avec celle de Nevers, qui date du XVIIe siècle et qui dépendait du monastère illustré par Gresset dans son *Vert-Vert.*

rigoureusement à celle de la naissance de la sœur Pillon, morte le 12 mai 1751, à 87 ans et 8 mois (1) : « Le 4 septembre 1663, fut baptizée *Anne*, fille de Mathurin Pillon et d'Anne Boutelou, son espouse, parain, Pierre Tiger ; maraine, Marthe Pillon ; et ce par nous C. Legendre, [curé de Saint-Pierre-la-Cour] (2) ».

Or, la généalogie de cette enfant nous est parfaitement connue et n'est pas banale.

Anne Pillon appartenait à la famille des Pillon « marchands » qu'on trouve au Mans dès le commencement du XVII⁰ siècle et qui avait plusieurs de ses membres inhumés dans l'église des Jacobins (3).

Son aïeul, *Mathurin Pillon*, était, en 1649-1652, *marchand mercier grossier joaillier*, paroisse de Saint-Pierre-la-Cour, et sergent-garde en l'église du Mans (4). De son mariage avec Marie Goustard, il eut neuf enfants : Marie, baptisée en juillet 1634 ; Ambroise, le 1er juin 1635 ; *Mathurin*, le 1er mai 1636 ; Anne, le 27 mai 1638 ; Louis, le 24 mars 1641 ; Pierre, le 22 mai 1642 ; Marthe, le 4 septembre 1644 ; Marguerite, le 25 février 1647 ; Pierre, le 8 février 1649. Il fut inhumé aux Jacobins le 19 février 1664 (5).

Mathurin Pillon, l'aîné des fils, fut d'abord comme son père « marchand mercier », et épousa Anne Boutelou, fille

(1) Cette date nous est donnée d'une manière certaine par la notice nécrologique consacrée à la sœur Pillon et par son acte même de décès que nous venons de retrouver à l'Etat civil du Mans, *Registre des Communautés de femmes*.

(2) Etat civil du Mans. — Par une coïncidence curieuse, le même registre, mentionne à la date du 30 octobre de la même année 1663, le baptême d'une seconde *Anne Pillon*, fille de Antoine Pillon, advocat, et de Jacquine des Aulnaiz, mais elle n'aurait pas eu 87 ans et 8 mois *accomplis* le 12 mai 1751.

(3) Les Pillon étaient très nombreux au Mans et se divisaient en deux grandes familles distinctes, de condition sociale différente : les Pillon *marchands* et les Pillon *avocats*.

(4) *Inventaire des minutes des Notaires du Mans*, IV, 224 ; V, 37.

(5) Etat civil du Mans, *Registres de Saint-Pierre-la-Cour*.

de Louise Louzeray, veuve en deuxièmes noces de Victor Tiger. Il en eut cinq enfants : trois garçons du prénom de Mathurin, décédés successivement en bas-âge, et deux filles, *Anne* et Louise (1).

Devenu veuf en 1669, très affecté sans doute par la perte de sa femme et de ses fils, l'ancien mercier, Mathurin Pillon, entra « dans les ordres sacrés », fut ordonné prêtre dès 1670, et mourut le 28 novembre 1679, *directeur de l'hôpital général du Mans!* Nous avons sous les yeux son testament olographe en date du 23 novembre de cette année 1679, d'une simplicité très édifiante, et la vente de son mobilier faite en janvier 1680, à la requête de Jean Trouillet, marchand, son exécuteur testamentaire , et d'Antoine Pottier, curateur d'Anne et Louise Pillon, filles mineures émancipées, alors âgées de 16 à 15 ans (2).

(1) État civil du Mans et cabinet de M. Brière, *Dossier Pillon.*

(2) Cabinet de M. Brière, *Dossier Pillon.*

« Testament de Maturin Pillon, prestre, directeur de l'hôpital général du Mans, y demeurant, estant de présent au lit malade, may sain d'esprit et d'entendement comme il peut paraistre par l'inspection de la présente écriture. Je fais le présent testament de mon propre mouvement sans y avoir excité par qui que ce soit que par l'inspiration que Dieu m'en a donnée.

« Au nom de la Très Sainte Trinité, Père, Fils et Saint-Esprit.

« Je recommande mon âme à Dieu tout-puissant, à la Sainte-Vierge, aux saints apôtres saint Pierre et saint Paul, à saint Maturin mon patron, à saint Augustin, à saint Jean-Baptiste, à saint Jérôme, à sainte Magdelenne et à tous les saints et saintes du Paradis.

« Je désire vivre et mourir dans la foy de la sainte Eglise catholique, apostolique et romaine.

« Mon âme étant séparée de mon corps, je veux qu'il soit enterré au cimetière des pauvres de l'Hôtel-Dieu, en telle place que l'on voudra.

« Je ne veux pour tout luminaire que ce qu'il en faut pour les saintes cérémonies de l'Eglise. Je ne veux que des prestres à mon convoy en tel nombre que la charité les assemblera : mes exécuteurs cy-après nommez n'en feront prier que dix.

« Je laisse à la piété de mes enfans de me faire dire au delà de cent messes basses que je demande estre célébrées pour le repos de mon âme.

« Je donne aux pauvres tous mes ornemens d'Eglise ; ils donneront une méchante aube pour m'enterrer. Je leur donne encore tous mes livres

Ce mobilier, remarquons-le tout d'abord, révèle une certaine aisance, un certain goût même, et une incontestable instruction. On y rencontre, par exemple, des pièces de porcelaine, une tapisserie de Bergame, *quelques tableaux*, une croix d'or émaillée, un crucifix d'ivoire, et une bibliothèque assez bien garnie.

Le 31 janvier, le notaire fait signer l'acte de vente à *Anne et Louise Pillon* « *au parloir de la Visitation, où elles sont pensionnaires* » ; elles se réservent seulement, avec quelques objets sans valeur et invendus, la croix d'or émaillée et deux bagues d'or qui paraissent provenir de leur mère (1).

La coïncidence absolue d'âge, les traditions de cette famille honorable et chrétienne, et surtout l'éducation donnée à la Visitation à la jeune fille, constituent un faisceau de probabilités exceptionnelles. Sœur Anne-Victoire Pillon, professe vers 1690, doit être la fille de « vénérable et discret maître Mathurin Pillon, directeur de l'hôpital général du Mans » et une ancienne élève de la Visitation (2).

latins, petits et grands, en quelque qualité et quantité qu'ils sont. Je donne néanmoins la *Théologie* de Contenson à M. Vasse, prestre, demeurant en la rue de la Verrerie.

« Je donne à ma domestique Renée Le Clerc la somme de cent livres pour les gages que je luy doy et la récompanser de ses bons services.

« Je donne à mes sœurs Marie, Marte et Marguerite les Pillonnes chacune la somme de cent livres pour les récompanser de la dépance que j'ay faite plus qu'elles hors de la maison.

« Je veux qu'il soit payé à mons. Bertelot, marchand d'Angers, sa veuve ou ses héritiers, trente-cinq francs *(sic)* dont nous avons toujours été en erreur. Voilà quelle est la dernière de mes volontés, que je prie monsieur Trouillet, marchand, d'exécuter comme devant être le curateur de mes enfans.

« Je dois à mad° Pignard dix-huit livres pour l'hôpital que je veux estre payée.

« Voilà quelle est ma dernière volonté. Je prie mons. Vasse de veiller à mon enterrement, et mons. Trouillet d'avoir bien soin du reste.

« Fait au Mans, ce vingt et troisième novembre l'an mil six cent soixante et dix-neuf.

« M. PILLON. »

(1) Cabinet de M. Brière, *Dossier Pillon*.

(2) Ces pages étaient écrites lorsqu'à la dernière heure, une communi-

Elle appartient, dès lors, à l'une des plus vieilles familles du commerce du Mans, de ce commerce intelligent, laborieux, qui sut trouver moyen, bien avant la Révolution, de s'élever honnêtement et pacifiquement à une condition sociale supérieure. De plus, c'est une des *rares* artistes que nous connaissions parmi les femmes du Maine et une fille de saint François de Sales.

A ces titres, nous sommes particulièrement heureux aujourd'hui de lui rendre justice; d'inscrire *pour la première fois* son nom au nombre de nos artistes manceaux; de saluer respectueusement en elle cette alliance des vertus chrétiennes, des talents et du sentiment artistique, qu'on rencontre si souvent dans l'histoire des ordres religieux. De nos jours, nous l'avions retrouvée à un haut degré — cette alliance si féconde pour le pays — à l'abbaye bénédictine de Sainte-Cécile de Solesmes, où devant nous, un éminent membre de l'Institut rêvait un jour d'établir une *école nationale* de miniature ! Nous voulons espérer que, pour l'honneur de la Patrie, les bourrasques contemporaines ne pourront anéantir de telles traditions.

Mais le rôle dominant de sœur Anne-Victoire Pillon dans la construction de l'église de la Visitation n'est pas seulement une révélation historique. Son influence — il importe de le remarquer, dès maintenant — explique d'une manière imprévue le caractère spécial de l'édifice, caractère d'une élégance quelque peu *mondaine* et pour ainsi dire *féminine*.

cation du monastère de la Visitation de la rue Champgarreau est venue confirmer entièrement nos conjectures et dissiper tout doute. D'après l'ancien *Registre des professions*, conservé aux archives, sœur Anne-Victoire Pillon était bien, en effet, la fille de Mathurin Pillon et d'Anne Boutelou. Après avoir été admise à la Visitation du Mans comme postulante pendant deux mois, elle y avait pris le voile le 2 février 1689, à l'âge de 25 ans et 5 mois, et y avait fait profession le 6 avril 1690.

Dans sa notice nécrologique (imprimée) du 12 mai 1751 et dans son acte de décès, son nom est écrit *Pilon*. Nous adoptons la forme *Pillon*, qui est celle de son acte de naissance et de sa *signature autographe* apposée sur l'acte de vente de 1680 : c'est d'ailleurs la plus fréquemment employée.

M. d'Espaulart, avec le sens artistique très sûr qui le distinguait, semblait pressentir — avant de la connaître — cette direction de sœur Anne-Victoire Pillon lorsqu'il écrivait en 1861 : « Sans voir dans la chapelle de la Visitation un chef-d'œuvre, il y aurait injustice à y méconnaître de véritables et nombreux mérites. La qualification de *jolie* lui convient mieux qu'aucune autre et lui est parfaitement applicable : c'est *l'oratoire quelque peu coquet de religieuses chez lesquelles le renoncement au monde n'a pas complètement éteint le souvenir et le goût de ce qui y plaisait* (1) ».

Avant de mourir, Anne-Victoire Pillon eut encore le temps d'inspirer la construction du grand autel et de deux petits qui furent élevés de 1750 à 1751 sous le gouvernement de la mère Marie-Thérèse de Tahureau.

Postérieurement, cette même supérieure fit remplacer par du marbre noir les marches provisoires en bois qui séparaient la nef du chœur ; sculpter la chaire du prédicateur ; poser sur l'entablement intérieur « une balustrade de fer, haute d'environ trois pieds, *très bien travaillée*, qui règne tout autour de l'église, et qui, en faisant un fort bel effet, produit en même temps la sûreté de ceux qui sont obligés d'y aller » ; construire au bas de la nef « une tribune de pierre de taille à trois arcades, d'architecture de bon goût, soutenue de deux piliers à quatre faces revêtus de marbre noir et de marbre jaspé, fermée d'une balustrade de fer bien travaillée, ouvrage qui passe les trois autres » ; substituer au tabernacle primitif, trop petit, un nouveau tabernacle « *fort beau* » en bois sculpté et doré (2). Enfin, d'après M. d'Espaulart, les sculptures de la façade dateraient seulement de 1785.

Une question bien intéressante resterait à élucider. Quels sont les ouvriers d'art, sculpteurs, peintres, menuisiers et

(1) *L'Eglise de la Visitation*, dans l'*Union de la Sarthe* du 16 juillet 1861.

(2) Notes extraites des Archives de la Visitation.

serruriers, qui, sous la direction d'Anne-Victoire Pillon et des Riballier, ont travaillé à l'ornementation si remarquable de l'église de la Visitation ?

Tour à tour, M. d'Espaulart, en 1861, et M. Hucher, en 1865, se sont préoccupés de cette question, mais, il faut le reconnaître, ils en ont été réduits à des hypothèses bien vagues.

M. d'Espaulart a mis en avant le nom de Caratéry, fort habile sculpteur en pierre ornemaniste, originaire de Provence, venu par les hasards d'une jeunesse nomade s'établir au Mans. Marié à la fille ainée du statuaire Gervais de la Barre, Caratéry serait l'auteur du baldaquin et de l'autel de la chapelle de l'Ancien Oratoire (aujourd'hui le Lycée) et des charmantes arabesques du retable de l'autel saint Léon à la Couture. « Devenu l'homme de réputation du pays, c'est à Caratéry qu'on s'adressait lorsque, dans un moment important, on voulait faire bien (1). »

L'hypothèse est fort plausible, mais en admettant que Caratéry, déjà très âgé et arrivé à la fin de sa carrière en 1730, n'a pu prendre part qu'aux premiers travaux. De documents publiés depuis peu, en effet, il résulte que Jean Caratéry, dès 1667, passait un marché pour l'autel de Dangeul, et que le 21 août 1721, d'accord avec sa seconde femme, Marie Garreau, il faisait son testament devant le notaire Dubois (2). Né au plus tard vers 1647, Caratéry devait alors avoir près de 74 ans. Il en aurait eu 83 en 1730, 90 en 1737, époque de l'achèvement de l'église de la Visitation. Si donc, selon toute vraisemblance, sœur Anne-Victoire Pillon a connu et consulté cet habile « confrère », s'il a pu lui fournir des dessins et former des ouvriers plus jeunes, il parait difficile de lui attribuer l'exécution.

M. Hucher, lui, en 1865, évoque le souvenir de Robert de

(1) *L'Eglise de la Visitation*, dans l'*Union de la Sarthe* du 16 juillet 1861.
(2) *Dictionnaire des Artistes manceaux*, publié d'après les notes de l'abbé G. Esnault, par M. l'abbé Denis. Tome I, p. 107.

Cotte (1656-1735), le célèbre directeur de l'académie d'architecture, « qui sut introduire un grain de nouveauté dans
l'art des Lepautre, des Marot, des Bérain, des Boulle, etc.
L'art de Robert de Cotte, ajoute M. Hucher, est charmant :
c'est le système équipollent, mesuré, harmonieux, des
maîtres du grand siècle, avec un appoint délicieux de grâce
légère, de motifs imprévus tels que trophées, figures d'ani-
maux, guirlandes de fleurs etc. On y voit poindre à peine
cette *rocaille* envahissante qui, dans les compositions de
Meissonnier (1693-1750) et de Cuvilliés (1698-1767), attire
l'œil, étonné de tant d'excentricités. Nous pensons que
Robert de Cotte, qui a exercé une grande influence sur la
direction du goût en province, a inspiré l'architecte de la
Visitation, si même tous les détails de l'ornementation n'ont
pas été empruntés à ce maître (1) ».

Très volontiers nous souscrivons à cette nouvelle hypothèse, sous une réserve toutefois : Robert de Cotte a pu fort
bien inspirer et guider Anne-Victoire Pillon et Mathurin
Riballier, mais au même titre que Soufflot, à titre de *maître*
éloigné, qu'on consulte dans quelques rares entrevues et
dont on étudie les œuvres dans le silence de l'atelier. On ne
peut en concéder davantage, moins encore supposer qu'il
ait travaillé lui-même ou fait travailler à la Visitation du
Mans.

Conçu sans aucun doute d'après les meilleures données
des grands maîtres de l'époque, tels que Robert de Cotte et
Soufflot (pour le dôme peut-être), l'édifice n'a pu être exécuté
pratiquement que par des artistes locaux ou régionaux, d'un
rang beaucoup plus modeste.

• Nous avons toujours trop à cœur de rendre justice aux
humbles et aux petits, pour ne pas chercher à inscrire
quelques nouveaux noms de compatriotes à côté de noms

---

(1) *Restauration de l'Eglise de la Visitation*, dans *le Messager de la
Sarthe* du jeudi 29 juin 1865.

illustres, trop illustres ; pour ne pas revendiquer en faveur de nos artistes manceaux la gloire qui peut leur revenir.

Or, d'après les documents qu'on vient de lire, il est un nom qui se place tout naturellement, *pour la première fois,* en tête de tous ceux qui ont travaillé à la décoration de l'église de la Visitation. C'est celui de la sœur Anne-Victoire Pillon elle-même, la pieuse fille de Saint-François de Sales à laquelle nous arrachons avec tant de joie — après un siècle et demi — son voile de modestie chrétienne. Elle a porté évidemment trop d'intérêt à l'œuvre dont elle était chargée et qu'elle dirigeait, pour n'avoir pas travaillé de ses propres mains d'artiste à certaines parties de l'ornementation, peintures ou sculptures. Elle a dû, au moins, combiner la plupart des dessins et des cartons. *Seule, elle a suivi l'œuvre dans tous ses détails, depuis la première heure jusqu'à la dernière.*

Nous savons ensuite, désormais, que bon nombre de statues, les plus remarquables de la Visitation, étaient l'œuvre du sculpteur Girouart. Malheureusement Jean Girouart n'est pas du Mans, comme on a cru pouvoir le dire (1) : il est originaire de Poitiers (2).

(1) *Dictionnaire des Artistes manceaux,* I, 287.

(2) Tout porte à croire qu'il s'agit ici du fils aîné de Jean Girouard, sculpteur très connu de Poitiers, qui habitait en 1660, rue des Trois-Piliers, paroisse de Saint-Porchaire, auteur du portail de l'hôtel de la Juridiction consulaire, du péristyle de l'église des Augustins, etc. mort en 1676. En effet, Jean Girouard, fils, né le 11 mars 1661 et qui continua avec talent l'œuvre de son père, après avoir passé sa jeunesse à Paris et fait pour sa ville natale une belle statue de Louis XIV, quitta Poitiers et passa une grande partie de sa vie *en Bretagne.* Il travailla notamment à Rennes, où existait précisément un monastère de la Visitation en relations suivies avec celui du Mans. Le Mans se trouvant sur le chemin direct du Poitou en Bretagne, il est fort naturel que Jean Girouard y ait accepté des commandes, et nous recommandons son nom à l'attention spéciale de tous ceux qui étudient la sculpture dans le Maine au commencement du XVIIIe siècle. V. *Les Girouard, sculpteurs poitevins au XVIIe siècle,* par M. P.-A. Brouillet, *Réunion des Sociétés des Beaux-Arts des départements,* XVe session 1891, Paris, Plon, in-8, p. 325, très intéressante étude qu'a bien voulu nous signaler M. de Grandmaison, archiviste d'Indre-et-Loire.

Il n'en est pas de même des sculpteurs Le Maire, qui sont incontestablement d'origine mancelle, et auxquels l'abbé Tournesac, d'après une note manuscrite du siècle dernier, attribue toute la sculpture de la Visitation, pierre et bois.

Cette attribution, hâtons-nous de le dire, est trop générale. Si les Le Maire ont travaillé à cette sculpture, ce qui nous paraît d'ailleurs plus que vraisemblable, ils n'y ont pas travaillé seuls. Les documents que nous devons à l'obligeance de Mme la Supérieure de la Visitation de la rue Champgarreau nous apportent sur ce point une nouvelle et bien curieuse révélation.

La chaire et une grande partie du tabernacle, œuvres d'un réel mérite, furent tout simplement exécutées par un domestique du monastère !

On lit, en effet, dans une circulaire de la mère Marie-Thérèse de Tahureau, en date du 29 mars 1754 : « Nous n'avions encore que la chaire de prédicateur qui avait été faite pour notre ancienne chapelle d'attente.... C'était un ouvrage indispensable que nous avons encore fait faire avec succès et même avec commodité, ayant trouvé chez nous la matière et l'ouvrier, *car un de nos domestiques, élevé dès l'enfance au service de notre sacristie, est devenu, à l'école des menuisiers qui ont travaillé autrefois pour nous, un très habile menuisier lui-même, et la chaire de prédicateur, qu'il nous a faite et où le sculteur a employé son art convenablement, passe pour un très bon morceau* ». Et dans une autre circulaire en date du 18 août 1766 : Il ne manquait à notre église qu'un tabernacle.... Dans cette circonstance s'est trouvé un ami généreux qui a payé toute la sculpture et doreure d'un fort beau qui a été posé depuis quelques mois : *notre domestique, habile menuisier, a fait le reste*, de façon que nous ne nous sommes presque pas aperçues de la dépense ».

De Robert de Cotte, le grand architecte, à l'humble domestique du monastère, dont le nom ne nous a pas même été conservé, il y a loin, certes, comme souvent de la théorie à la pratique ! Mais, en revanche, nous sommes ici en pleine réalité, et cette réalité nous autorise une fois de plus à attribuer l'honneur de l'ornementation de la Visitation à des ouvriers d'art, pour la plupart manceaux !

Au XVIII⁰ siècle, d'ailleurs, la ville du Mans, bien qu'elle ne prétende point encore au rang de grand centre, n'est pas aussi arriérée qu'on pourrait le croire. Le sentiment artistique y est très manifestement développé et on y rencontre bon nombre de modestes artisans, très dignes de la qualification d'artistes, qui nous ont laissé des œuvres charmantes en sculpture, menuiserie et serrurerie (1).

Avant d'aborder la description architecturale et artistique de l'église de la Visitation dans son état actuel, achevons de résumer en quelques lignes son historique depuis la Révolution.

Dès le 26 mars 1792, une émeute contraignait les officiers municipaux à envahir le monastère de la Visitation sous prétexte d'y rechercher des prêtres insermentés. Deux mois plus tard, peu de temps après l'élection de la dernière supérieure, M⁰ᵉ Marie-Éléonore de Montesson, nommée le 29 mai, les religieuses, au nombre de 33, étaient expulsées par la force et conduites à la prison des Ursulines. L'année suivante, 1793, les bâtiments conventuels étaient transformés en prison. En l'an II on déposait dans leurs dépendances l'échafaud et la guillotine (2). En l'an V (1797), on y installait définitivement, en outre de la prison, les tribunaux civils et criminels (3).

L'église, elle, au commencement de 1793, était mise à la

---

(1) En outre des nombreux hôtels particuliers qu'on rencontre encore dans les rues du Vieux-Mans avec leurs élégants balcons en fer forgé, le XVIII⁰ siècle nous a laissé dans les abbayes de la Couture et de Saint-Vincent, reconstruites à cette époque, deux œuvres architecturales d'une importance exceptionnelle et qui mériteraient une étude spéciale.

(2) Archives de la Sarthe, 4. 46.

(3) Loi du 7 thermidor, an V.

disposition de la *Société des amis de la Liberté et de l'Égalité*, club des plus bruyants, pour y tenir ses séances. En l'an III (30 mai 1795), les membres du Conseil général la réclamaient au représentant du peuple Dubois-Dubais comme salle de réunions décadaires (1). Déjà, en 1790, on l'avait dépouillée des deux petits autels en bois sculpté, placés en 1751, de la belle menuiserie du tambour de la tribune et d'une grande tapisserie sur laquelle nous reviendrons. Inutile d'ajouter que pendant toute la Révolution l'entretien des plombs et de la couverture fut absolument négligé ; la charpente du comble souffrit beaucoup et le dôme de la lanterne s'inclina sensiblement vers le midi (2).

L'église de la Visitation était dès lors en assez triste état, lorsqu'un arrêté du Premier Consul, en date du 17 nivôse an XII (8 janvier 1804) la rendit au culte (3). Trois ans après, une ordonnance épiscopale de Mᵍʳ de Pidoll, du 29 septembre 1807, l'érigeait en chapelle de secours de la paroisse de la Couture.

Malheureusement, ces premiers actes de réparation faillirent bientôt se trouver compromis par une circonstance inattendue qui porta un coup fatal à la façade de l'édifice.

Lorsque, vers la fin du Premier Empire, à la suite de la construction du pont Napoléon, inauguré le 9 juin 1811, on ouvrit la rue Gambetta actuelle (ancienne rue Saint-Louis) les exigences du nivellement et du raccordement avec la place des Halles firent établir le sol de la nouvelle voie à près de 3 mètres en contre-bas de l'entrée de l'église. Les ingénieurs de l'époque, fort peu artistes, ne trouvèrent d'autre moyen, pour remédier à la difficulté, que de

(1) Archives de la Sarthe, 4. 38 et 273.

(2) Tournesac, *Description historique et artistique de la Visitation, lue dans l'une des séances de la Commission des monuments anciens.* Cabinet de M. Brière.

(3) Sur la proposition du conseiller d'Etat Portalis qui, dans son rapport du 13 nivôse, faisait valoir « la beauté du monument précieux ». Archives de la Sarthe, *Bâtiments départementaux*, M, 18.

suspendre, pour ainsi dire, la façade sur deux énormes massifs de pierre sans forme et sans nom, puis d'y donner accès par un système d'escaliers extérieurs et intérieurs plus que défectueux. « On conçoit, écrivait M. d'Espaulart, en 1861, combien un déchaussement pareil a détruit les proportions primitives, que l'œil, malgré tous les efforts imaginables, ne saurait arriver à rétablir ; on conçoit à quel point ce côté du monument, surtout, a changé d'aspect et de caractère » (1).

Pour comble d'infortune, l'édifice, du côté de la place des halles, était envahi peu à peu par des annexes que le même M. d'Espaulart nous décrira encore, en 1861, dans ces termes pittoresques : « Ce sont un corps de garde, un poste de sergents de ville, une salle de dépôt des ivrognes qui encombrent la voie publique et des Madeleines fangeuses passibles des peines de l'article 330 du Code pénal : c'est un lieu *innommable*, dénoncé de loin d'une façon toute différente des jardins d'orangers, et dont les ouvriers spéciaux constituent, dans l'exercice de leurs fonctions, une des rencontres nocturnes les plus désagréables qu'on puisse faire.... »

L'heure de la renaissance définitive n'arriva que sous le Second Empire pour l'église de la Visitation.

En 1858, le Département en faisait remise à la Ville du Mans, alors qu'un remaniement dans la circonscription des paroisses la faisait passer de la paroisse de la Couture à celle de Saint-Benoît (2).

Presqu'aussitôt, le Conseil municipal adoptait un plan de restauration et de dégagement qui s'exécuta de 1861 à 1865 sous l'habile direction de M. Darcy.

Après avoir consolidé les parties essentielles de l'édifice, redressé le dôme qu'on ne pouvait démonter, en tranchant

---

(1) *L'Église de la Visitation*, dans *l'Union de la Sarthe* du 16 juillet 1861.

(2) Archives de l'Hôtel de Ville du Mans et Archives de la Sarthe. M, 18.

sur une hauteur de 0ᵐ 05 à 0ᵐ 15 centimètres les poteaux
opposés à la pente — expédient très ingénieux — M. Darcy
fit restaurer les sculptures de la façade par M. Gaullier, dont
le talent demeure toujours si apprécié, et remettre à neuf,
par M. Jaffart, avec un soin infini, toutes les sculptures,
tous les plâtres, toutes les peintures de l'intérieur (1). Sur
l'emplacement des lieux *innommables*, qu'à la demande de
M. d'Espaulart la Ville s'était empressée de faire disparaître,
il construisit l'élégant petit escalier qu'on y admire de nos
jours. Enfin il rendit à la façade principale une partie de
son charme, en substituant aux masses de pierres informes
et aux affreux perrons de 1811 le grand escalier actuel (2).

Cet escalier, il est juste de le reconnaître, est le résultat
d'une très heureuse inspiration, qui fit rejeter trois autres
projets à rampes symétriques, tous envahissants ou dis-
gracieux. Comme l'écrivait fort bien M. Hucher en 1865,
« ce n'était pas le cas de se montrer difficile sur la symétrie,
lorsque systématiquement les Meissonnier, les Cuvilliés, les
Leroux et les Hucquier l'avaient été si peu. Ici, d'ailleurs,
l'exécution a élucidé le plan dont l'aspect, lorsqu'on fait
abstraction de l'élévation, est entièrement formé de courbes
non symétriques. Cette restauration, envisagée dans son
ensemble, est un tour de force architectural : c'est plus que
de l'art, c'est du bonheur ».

En ce qui nous concerne, nous nous unissons sans restric-
tion à ces éloges donnés à M. Darcy par le regretté maître
des archéologues manceaux, M. Hucher. La restauration de
l'église de la Visitation, de 1861 à 1865, fait un incontestable
honneur à M. Darcy, à la ville du Mans et aussi à M. d'Espau-

(1) E. Hucher, *Restauration de l'Église de la Visitation* dans le
Messager de la Sarthe du 29 juin 1865.

(2) Notre confrère, M. Pascal Vérité, architecte, inspecteur des édifices
diocésains, possède deux intéressants dessins de l'église de la Visitation
avant sa restauration, d'après les croquis de M. Darcy : il a bien voulu
nous les communiquer et nous lui en adressons tous nos remerciements.

lart, qui, en sa double qualité d'adjoint au maire et de
critique d'art d'un goût très sûr, y contribua particulièrement. Elle n'eut qu'un défaut, celui de dépasser de beaucoup
les premières prévisions budgétaires, mais, en matière d'art,
tout « marchandage » devient honteux.

Depuis 1865, l'église de la Visitation n'a plus été l'objet
que de travaux accessoires d'entretien qui montrent au
moins l'intelligente sollicitude de la ville du Mans à son
égard (1).

Arrivons donc, sans plus tarder, à la dernière partie de
notre tâche : la description détaillée et l'étude technique du
monument.

Le plan général, tout d'abord, est fort simple. Il présente
la forme d'une croix, d'une longueur totale de 30 mètres
dans œuvre et 16ᵐ 65 de largeur dans les bras ou transept.
Les extrémités de la tête et des bras de la croix (chevet et
transept) se terminent à angle droit, mais à l'intérieur les
angles du transept s'arrondissent en hémicycles déprimés.

La façade principale, sur la rue Gambetta, étonne à
première vue par la diversité de ses ordres d'architecture et
la superposition de ses deux frontons triangulaires. Elle se
compose, pour ainsi dire, de deux étages distincts.

L'étage inférieur, prédominant par son importance et son
élévation, offre, en avant-corps, de chaque côté de la porte,
deux colonnes accouplées et cannelées à bases et chapiteaux
corinthiens, que surmonte un entablement de même ordre
à fronton triangulaire. Le tympan de ce fronton est décoré
du *Cœur de Jésus* entouré d'une auréole de gloire ; le mur
entre le cintre de la porte et le dessous de l'entablement,
d'un *Couronnement de la Vierge* sculpté en relief et restauré,
ainsi que nous l'avons dit, par M. Gaullier de 1861 à 1865.
Pour compléter la décoration dans la largeur, la muraille

____

(1) Réparations au perron en 1877, crédit de 1,400 fr. — Réfection des
enduits extérieurs de 1899 à 1901, crédit de 8,500 fr.

est revêtue à droite et à gauche de l'avant-corps de deux pilastres cannelés, à chapiteaux corinthiens comme les colonnes principales.

L'étage supérieur, moins élevé, est percé en son centre d'un grand « œil de bœuf », puis orné, de chaque côté, de trois pilastres d'ordre composite avec une niche de statue portée sur une console de feuilles d'acanthe et restée vide depuis la Révolution. Il est couronné, de même que le précédent, par un fronton triangulaire dont le tympan est décoré d'une figure en relief du *Père Éternel* au milieu des nuées. D'après M. Tournesac, les niches, aujourd'hui vides, étaient occupées, avant 1790, par deux belles statues de l'*Église* et de la *Charité* (1).

L'ordonnance de cette façade a été critiquée par plusieurs de nos compatriotes. Richelet, le premier, et Pesche à sa suite ont considéré « comme une espèce de contre-sens en architecture, contre-sens regrettable, la superposition de deux frontons, appartenant l'un à l'ordre principal, l'autre à l'attique (2) ». M. d'Espaulart lui-même reproche à l'œuvre son manque d'unité. « L'éclectisme imposé à l'ordonnance du plan, écrit-il, s'y laisse aisément deviner ; il tourne à la confusion ; les ordres d'architecture y sont mélangés sans souci des règles : en un mot le style relève trop exclusivement ici de la fantaisie ».

Par contre, M. Hucher a défendu cette même façade de la Visitation par des considérations fort justes à notre avis. Selon lui, « l'insertion dans la façade de la Visitation du petit édicule à fronton, qui constitue la porte de l'édifice, n'a rien d'étrange, ni même d'insolite. Une fois admis le principe des constructions dites de *style Jésuite*, qui ont de célèbres représentants à Rome, dans l'église du Gésu, due au célèbre Vignole et à Jacques de La Porte, son élève, et dans

(1) *Description historique et artistique de la Visitation.*
(2) Richelet, *Le Mans ancien et moderne* ; Pesche, *Dictionnaire de la Sarthe*, III, 374.

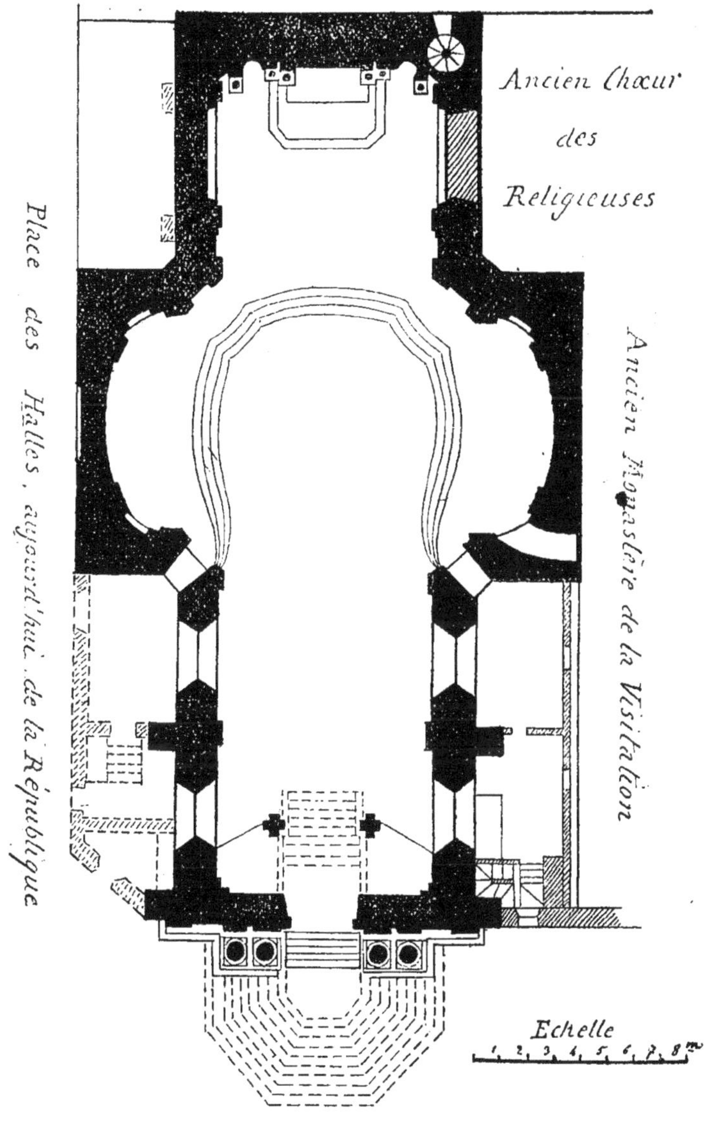

PLAN DE L'ÉGLISE DE LA VISITATION EN 1862

A la hauteur des fenêtres inférieures

(*Archives de l'Hôtel de Ville du Mans*)

Les traits pointillés indiquent les constructions demolies et les escaliers
modifiés de 1862 à 1865

l'église de Saint-Ignace, bâtie par le père Grossi sur les plans
du Dominiquin ; à Paris, dans celles de Saint-Gervais et de
Saint-Protais, de Saint-Paul et Saint-Louis, il n'y a pas à
s'étonner, pas même à critiquer l'insertion des frontons
triangulaires ou cintrés dans l'ordre inférieur. C'était le goût
du temps. Au Mans, le fronton à pris des proportions consi-
dérables ; mais, c'est que l'ordre inférieur est dominant et
qu'il absorbe, en valeur, toute l'attention, tandis que dans
les monuments dont nous venons de parler, c'est l'ordre
supérieur qui prédomine » (1).

Si la composition architecturale de la façade peut, comme
on le voit, soulever des appréciations diverses, il n'en
saurait être de même pour le portail proprement dit. Ses
panneaux, en bois de chêne, encadrés dans des moulures
d'un excellent profil, sont couverts de symboles religieux et
de guirlandes de fleurs d'une grande délicatesse, qui en font
un spécimen vraiment remarquable de la sculpture sur bois
de l'époque. La ferrure même est digne d'attention par ses
longues fiches à lames et à vases, par ses équerres doubles
que terminent des palmettes découpées à jour.

A l'extérieur, les deux côtés de l'édifice sont symétriques
et très simples, trop simples même, étant donné que l'un
d'eux se développe aujourd'hui dans toute sa longueur en
bordure de la place de la République (ancienne place des
Halles) la principale place de la ville.

La nef est divisée en deux travées par des contreforts en
grand appareil que surmontent des urnes de pierre sculptées : chacune de ces travées est percée de deux grandes

---

(1) *Le Messager de la Sarthe* du 29 juin 1865. L'analogie est si frappante
avec le portail de Saint-Gervais et de Saint-Protais, de Paris, notamment,
qu'on a songé, paraît-il, à attribuer les d eux œuvres au même architecte,
Jacques de Brosse ; mais le portail de Saint-Gervais dont la première
pierre fut posée par Louis XIII, le 24 juillet 1616, est antérieur de plus
d'un siècle à l'église de la Visitation du Mans. V. de Guilhermy, *Itinéraire
archéologique de Paris*, p. 178.

fenêtres en plein cintre superposées, sans aucun ornement qu'un étroit cordon courant à mi-hauteur tout le long de l'édifice.

Le transept, lui, présente à la partie inférieure une même fenêtre en plein cintre dont la baie est murée ; à la partie supérieure, un œil-de-bœuf analogue à celui de la façade et dans lequel on a dû transférer le cadran d'horloge de l'ancienne halle, démolie en 1882. Ce cadran, d'une utilité incontestable pour la population, n'a pas contribué malheureusement à embellir le monument.

Le chœur n'est éclairé que par une fenêtre supérieure, et un œil-de-bœuf dans le chevet.

Sur le carré du transept s'élève une lanterne en bois, à huit baies en plein cintre, couronnée d'un dôme assez élégant, dont les courbes sont bien dans le style du XVIII° siècle. L'élévation totale, depuis le sol de la place jusqu'à la croix, est d'environ 40 mètres (1).

Mais, c'est surtout *à l'intérieur* qu'il faut voir et apprécier cette église de la Visitation. Il est évident, dès le premier coup d'œil, que sœur Anne-Victoire Pillon et les Riballier y ont concentré tous leurs efforts, toutes les ressources de leur imagination et de leurs talents.

L'ensemble de l'édifice se divise en quatre travées, ou mieux en quatre parties qui correspondent à quatre voûtes, les deux premières dans la nef, la troisième au carré du transept, la quatrième dans le sanctuaire.

Ces voûtes sont d'arête à l'exception de celle du carré du transept qui est en coupole sphérique, construites en tuffeau blanc et gris ; chacune d'elles est séparée par un arc-doubleau avec ravalement de rinceaux à feuilles d'acanthe, espacés de distance en distance. Au point central de chaque voûte se voit une ouverture circulaire ou octogone fermée par un tableau peint à l'huile.

(1) Tournesac, *Description de la Visitation.*

Le tableau de la première voûte, près du portail, nous offre le symbole du *Pain Eucharistique*, entouré d'une guirlande de raisins et d'épis que soutiennent des anges. Celui de la deuxième, le *Cœur de Jésus*, entouré d'une couronne d'épines et d'une auréole d'esprits célestes. A la voûte du dôme — large de 15ᵐ 60 comme les précédentes — le tableau, de plus grande dimension, représente l'*Assomption de la Vierge ;* de plus, l'intrados de cette voûte est orné de guirlandes de fleurs et de quatre médaillons sculptés, correspondant aux quatre pendentifs couverts également de sculptures, (1ᵉʳ médaillon, *Monogramme du Christ*, 2ᵉ *Cœur de Jésus*, 3ᵉ *Chiffre de Marie*, 4ᵉ *Initiales de saint François de Sales*). Enfin, le tableau de la voûte du sanctuaire a pour sujet le *Père Éternel* au milieu des anges, laissant échapper, sous la forme d'une colombe, son amour pour l'humanité.

Il nous paraît hors de doute, maintenant, que les originaux de ces différents tableaux, restaurés en 1865 par M. Jaffart, étaient l'œuvre personnelle de sœur Anne-Victoire Pillon dont les peintures, au dire d'un de nos documents, apparaissaient de tous côtés aux regards *« même à l'église »* (1).

Les murs latéraux sont décorés de dix-huit pilastres cannelés, à bases et chapiteaux corinthiens, qui soutiennent un entablement de même ordre formant galerie tout autour de l'église, vers la naissance des voûtes : cette galerie, de 0ᵐ 80 de largeur, est bordée d'une balustrade en serrurerie, avec panneaux à très agréables dessins, travail excellent et d'un gracieux effet.

La nef, seule, est éclairée à la partie inférieure par quatre grandes fenêtres, deux de chaque côté ; mais alors que ces fenêtres n'ont d'autre ornement à l'extérieur qu'une moulure d'encadrement, elles ont ici, sous leur appui, un charmant

---

(1) Seul, le panneau de l'*Assomption*, pourri, a été entièrement refait à neuf par M. Jaffart, d'après une gravure de Rubens. E. Hucher, *Restauration de la Visitation,*

motif sculpté en rinceaux d'acanthes ou en joncs coupés et fleuronnés avec médaillon ovale.

D'après M. Tournesac, ce serait pour donner au sanctuaire un jour mystérieux, difficile à obtenir avec des verres blancs, que les architectes se seraient abstenus d'éclairer, en dehors de la nef, les parties inférieures. Par contre, au-dessus de la galerie s'espacent régulièrement dans la nef, le transept et le chœur, dix ouvertures en plein cintre ou circulaires qui correspondent aux formerets de chaque voûte.

Dans le sanctuaire, les murs latéraux sont décorés, en outre, à droite et à gauche, de deux grandes arcades aveugles : l'une, celle du midi, encadrait jadis la grille du chœur des religieuses ; l'autre, en face, était occupée, dit M. Tournesac, « par une magnifique tapisserie représentant le *Passage de la mer Rouge*, et qui fait tout naturellement penser au même sujet peint par la sœur Pillon pour la décoration du réfectoire (1). Le tympan de chacune de ces arcades est orné d'une riche menuiserie sculptée et rehaussée d'or ; les pieds-droits, de symboles de l'Ancien Testament, tels que le chandelier à sept branches, la table des pains de proposition, l'autel des holocaustes, et celui des parfums. Au-dessus des arcades se développent deux bas-reliefs de grandes proportions, des anges en adoration devant le Sacré-Cœur ou couronnant le nom de Jéhovah.

Le retable d'autel, nous l'avons vu, date de 1751. Des colonnes de marbre noir et gris à chapiteaux corinthiens, surmontées de frontons cintrés, le divisent pour ainsi dire en deux étages. Une statue de la Vierge occupe le centre de la partie supérieure ; un tableau, le milieu de l'étage inférieur. Le sujet de ce tableau, tout spécial à l'ordre de la Visitation, est à remarquer : Dieu le Père, du sommet des nuées

---

(1) Il est même permis de se demander si les souvenirs de M. Tournesac sont bien exacts quand il parle de *tapisserie*, et si ce *Passage de la mer rouge* ne serait point le tableau du réfectoire transporté dans l'église, en face du chœur des religieuses ?

ÉGLISE DE LA VISITATION AU MANS

INTÉRIEUR

Cliché de M. P. Triconnet, du Mans

contemple le *Cœur de Jésus* enlacé d'une couronne d'épines et entouré de groupes de chérubins.

Sur l'autel se trouvait jadis le beau tabernacle en bois sculpté et doré, que Mme de Tahureau nous a décrit. Détourné pendant la Révolution, ce tabernacle a eu les vicissitudes les plus étranges. En 1832, il fut acheté — mutilé et dépouillé de ses plus riches attributs — chez un fripier du Mans, pour 25 quintaux de blé et 95 livres de beurre, par un habitant de Saint-Mards-sous-Ballon qui le céda peu après à l'église de sa paroisse. En 1844, le curé de Saint-Mards, l'abbé Aubry, ayant renouvelé son autel, le rendit au nouveau monastère de la Visitation de la rue Champgarreau, où il est actuellement conservé, mais après une restauration forcée qui lui a enlevé en partie son cachet primitif (1).

Le transept, auquel les terminaisons en hémicycles donnent une élégance caractéristique de l'époque, n'a plus ses autels en bois sculpté de 1751 (2), mais il a gardé de belles balustrades en fer, portées sur des marches en marbre noir. De plus, aux angles du carré central, amortis en pans coupés, se voient quatre portes, fermées par des panneaux en menuiserie d'un joli dessin : au-dessus, des motifs sculptés, puis, des niches de statues à consoles ravissantes. La chaire, intacte, sauf l'escalier qui est moderne, est digne du reste : elle permet de rendre justice au talent de l'ancien domestique du monastère.

Dans le bas de la nef, enfin, en avant de la porte d'entrée, s'élève toujours l'élégante tribune « à trois arcades, soutenue de deux piliers revêtus de marbres et couronnée d'une balustrade de fer très bien travaillée », dont nous signalions plus haut la construction vers la fin de l'administration de la Mère de Tahureau. C'est une œuvre digne d'éloges, à tous

(1) L'abbé Aubry, *Ballon, Saint-Mards et Saint-Ouen*. Le Mans, 1853, in-8, p. 192.

(2) Le retable d'un de ces autels, comme le tabernacle, est aujourd'hui dans la chapelle de la rue Champgarreau.

égards, par la pureté de ses lignes et le bon goût de sa décoration.

Le tambour en menuiserie sculptée, qui se voyait sous cette tribune avant 1790, n'est plus à sa place, mais il n'est pas perdu, croyons-nous, et si nos souvenirs sont exacts, on le retrouve aujourd'hui dans la chapelle du Grand Séminaire Saint-Vincent, où on peut encore apprécier la légèreté de ses formes et la délicatesse de ses guirlandes sculptées (1).

En résumé, comme l'a dit M. d'Espaulart, « l'intérieur de l'église de la Visitation mérite une approbation à peu près sans réserves, tant par l'identité absolue du style que par l'unité du système de décoration générale. Le goût de toute cette décoration est bien celui du moment où elle se produisit. Elle est de style Louis XV, mais du Louis XV régulier, symétrique, encore reflétant, dans quelques-uns de ses détails, l'espèce de sévérité des ornements, souvent rectilignes, de l'époque du Grand Roi ; du Louis XV tel qu'il apparaît à ses commencements et avant de se jeter dans les extravagances de contournements qui le torturèrent à ses derniers jours. L'exécution est fine et facile... Si, à l'examen de cet édifice, l'esprit ne s'élève pas jusqu'aux hautes régions de l'art, l'œil embrasse l'ensemble avec satisfaction et s'arrête volontiers sur les détails. En un mot, cette construction est *jolie* et tout à fait dans les convenances de sa destination première » (2).

Plus tard, M. Hucher n'hésitera pas à écrire, à son tour, « que l'église de la Visitation du Mans est un de ces monuments *assez rares en France* conçus sur la donnée du style Louis XIV, mais avec le grain de nouveauté qui s'introduisit

---

(1) Bien que mutilé au centre de son entablement par l'ouverture d'un affreux « jour » ovale, le tambour de la chapelle du Séminaire est incontestablement du XVIIIe siècle et contraste du tout au tout avec le reste de ce malencontreux édifice. Le chanoine Bureau, qui en est l'auteur responsable, a dû subtiliser honnêtement ce joli morceau sous la Restauration.

(2) *L'Union de la Sarthe* du 16 juillet 1861.

dans l'art au commencement du règne de Louis XV (1) ».
Il qualifiera, lui aussi, d'*exquis* le travail d'ornementation et
y trouvera un véritable charme.

De notre temps, un maître regretté, dont le nom fait
autorité en critique d'art, M. Anatole de Montaiglon, alors
professeur à l'École nationale des Chartes, s'est uni plus
d'une fois devant nous à ces appréciations. Il ne venait
jamais au Mans sans revoir l'église de la Visitation qu'il
appréciait tout particulièrement.

Ce n'est donc pas pour les besoins d'une cause acciden-
telle que nous présenterons aujourd'hui cette église comme
l'un des monuments remarquables de la ville du Mans,
comme *un spécimen fort intéressant du meilleur style
Louis XV*, digne, dans *l'intérêt général de l'art*, de l'honneur
du classement au nombre des monuments historiques.

Bien mieux, de l'avis de tous les amateurs d'art, ce classement s'imposait depuis longtemps, et le Conseil municipal
du Mans a été vraiment bien inspiré en prenant l'initiative
de la demande.

Il importe d'autant plus de mettre ce charmant édifice à
l'abri de tout danger qu'il fait un honneur très spécial à la
ville du Mans, à des artistes et à des ouvriers manceaux, et
qu'il demeure le dernier « produit » de ce centre artistique,
si flatteur pour l'amour-propre local, créé à l'ancienne
Visitation du Mans par une fille du Maine, sœur Anne-
Victoire Pillon.

Qu'il nous soit permis, maintenant, comme conclusion à
ce travail, d'évoquer une idée, aussi simple que pratique,
dont l'avenir pourrait faire un jour son profit, et qui a,
d'ailleurs, le mérite de nous avoir été suggérée par M. de
Montaiglon lui-même.

En se plaçant au point de vue tout moderne du décor de
la place actuelle de la République, il est très regrettable
que le côté de l'église de la Visitation, en bordure sur cette

(1) *Le Messager de la Sarthe* du 29 juin 1865.

place, soit précisément l'un des moins intéressants et dénué de cette ornementation artistique qui donne toute leur valeur à d'autres parties du monument.

Or, il serait bien facile de remédier à cet inconvénient et d'embellir quelque peu la place de la République en reproduisant tout simplement à *l'extérieur* des fenêtres de la Visitation les charmants motifs de sculpture qui les décorent à *l'intérieur*.

Le travail pouvant se faire au moyen de simples *moulages* serait fort peu coûteux, et suffirait pour donner un tout autre aspect d'élégance à ce côté de l'église qui forme le fond de la principale place du Mans.

Un travail analogue pourrait, à peu de frais, modifier totalement la « piteuse » façade du « Palais de Justice ».

Il fut un temps où l'on ne concevait pas un Palais de Justice sans un portique à colonnes, et c'est sans aucun doute sous l'influence de cette mode impérieuse mais nullement justifiée, que l'on s'est cru obligé de plaquer, devant l'entrée de l'ancien bâtiment de la Visitation affecté à la grave *Thémis*, cette colonnade mesquine, de si mauvais goût, qui déshonore le Palais de Justice du Mans.

Sans se lancer dans des reconstructions grandioses, rien ne serait plus facile, moins dispendieux, que de supprimer cette colonnade et de remanier les trois portes actuelles dans leur style primitif — style Louis XV — en les décorant, elles aussi, des moulages de quelques gracieux motifs empruntés à l'ornementation de l'église de la Visitation.

Si nous ne nous faisons illusion, cette transformation, si modeste qu'elle soit, produirait un effet inattendu : elle éviterait au moins aux habitants du Mans qui aiment leur ville et se piquent de quelque goût, l'humiliation de montrer aux étrangers un si triste Palais de Justice, un Palais de Justice installé dans un assez beau bâtiment du XVIII° siècle flanqué d'un affreux portique, soi-disant dorique, qui n'est, en réalité, que le plus déplorable hors-d'œuvre.

Mamers. — Typ. G. Fleury et A. Dangin. — 1903.

9 782019 922672